JN411568

나무 앞에서 옷을 벗는다

오소림 시집

오늘의문학사

국립중앙도서관 출판시도서목록(CIP)

나무 앞에서 옷을 벗는다 : 오소림 시집 / 지은이: 오소림. -- 대전 : 오늘의문학사, 2014
p. ; cm. -- (오늘의문학시인선 ; 337)

ISBN 978-89-5669-626-3 03810 : ₩8000

한국 현대시[韓國現代詩]

811.7-KDC5
895.715-DDC21 CIP2014019425

나무 앞에서 옷을 벗는다

■ 서문(序文)

“좋아서 하는 일이 있어서 당신은 좋겠어!” 곁에서 지켜 보던 남편의 말이다. 그 말, 고마운 속내에 감사하며, 아프게 도진 병을 치유한다.

2007년에 ‘섬하나 만들기’를 출간하고 7년 만에 네 번째 시집을 출간한다. 시(詩)란 내면의 감성으로 세상을 인식하고, 언어로 그려내는 예술이다. 사색(思索)의 오솔길에서 줍는 보물이다.

행(幸)과 불행은 고난의 다리 양쪽에 놓여 평행을 이룬다고 한다. 그래서 비켜갈 수가 없다고 한다. 신은 인간이 극복할 수 있을 만큼의 시련을 준다고 한다. 그러기에 난 아직도 살고 있나보다.

독자와의 만남은 설레는 일이다. 부족함을 알면서도 용기를 내어 시집을 펴낸다. 그 동안 배려한 가족과 격려해 주신 분들이 눈물겹게 고맙다.

2014년 푸르른 날에

저자(著者)

‖ ‖ ‖ ‖ ‖ **차례** ‖

제1부 휘파람새 노래

제2부 미완의 사랑

제3부 두루미가 오던 날

제4부 파도가 바다를 일으켜 세우면

제5부 하늘의 정원

1부

휘파람새 노래

날지 않는 새

대청호반에 혼자 서 있는 새는
날이면 날마다
호수에 묻었던 그리움을 찾는다.

억새의 외로움처럼
하얀 깃털을 펄럭이는가.

소나무 숲에 숨어들어
맑은 물소리로 출렁이는 그리움이
오늘도 노래로 젖는다.

영혼의 눈빛

물빛 어린 유리잔에 이슬이 담겨
만장萬丈길에 흩어진 목숨들이
아픈 땅을 이루며 살라하는데

인정도 사정도 없는 길거리에는
살기 위한 투정이
아름다운 삶처럼 여전히 푸른데

저기 자유로운 행진을 보라!
만장萬丈같은 인연의 길을 만들며
영혼의 눈빛도 저렇게 푸르네.

밥그릇

내가 만든 밥그릇에
쌀밥을 담는다.

한 주걱을 담았더니
저절로
고팠던 배 불러오고

물텀벙 섬지기 논이
밥그릇에 누워 있다.

커피

비가 내린다.
커피 잔을 앞에 놓고
꿈인 듯 어리는
창밖의 빗방울을 만지며
여행을 떠난다.

이글거리는 태양 아래
소년의 검은 눈을 보면서
손을 잡는다.

맨발로 타박타박
밀림 속으로 들어갔다.
마녀가 지키며 사는 마성엔
향기에 취한 죄인들이
미친 듯 웃는다.

수석壽石 · 1

돌 하나에
이름표를 붙이고
삼라만상森羅萬象의 신비를
담아낸다.

다시 보면 볼수록
세상을 품고 있어
아, 그대는
잠자는 거인이다.

돌 하나에
희망을 꿈꾸는 사람들
무아無我에서 눈을 뜬
부처의 눈빛이다.

수석壽石 · 2

돌 하나로
이처럼 산을 만들고
바다의 전설까지
밤새워 들려준다.

그 미소로
도道, 인忍, 자비慈悲가
우리 곁에서
살아갈 길을 말한다.

저 단단함으로
변할 수 없는 것을,
굳은 절개
아름다운 우정인 것을.

수석壽石 · 3

옛날 옛적 금송아지
너는 그리움으로 남고
정이 좋아
돌 하나를 키워.

돌 하나의 침묵
산보다 무겁다.
알지 못하는 철학
살면서 배운다.

돌 하나의 역사
돌고 도는 인생보다
참 길다.
참 눈물겹다.

수석壽石 · 4

죽어도 끝나지 않는 고뇌,
예술혼으로 살아나
돌이 되었는가.

천년을 울고도
돌아갈 길을 묻는다.

달이 키워 보낸 돌
살아서 바다가 되고
나무가 되길 바라는
내 사랑,

그 누가 믿으랴
돌은 돌로써
세상을 보았을 뿐이다.

조화 장미

장미꽃 두 송이
숨결을 잠재우고
화병에 꽂히는 순간
생명의 꽃입니다.

목이 말랐던 하루
홀로 외로웠던 설움이
서로를 위로하는
살뜰한 꿈을 위로하며
닫힌 창문으로 들고 나는
영혼의 꽃으로
무작정 나서는 봄,
사랑에 목이 멥니다.

오월이면
화사한 꽃 날개 펼치며
눈을 감고 귀를 막는
슬픈 꽃이랍니다.

붉은 점 모시나비

명주실 한 올 잡은
여인의 손
바르르 떠는 것은
백날을 엮어
춤사위로 날아
열두 폭 치마로 덮는
사랑이어라.

산 하나 넘을 때마다
더욱
정갈해지는 마음.
떠오르는 해 안고도
추웠던 하루
천년바위
박제로 남을 순간.

내가 만든 그릇 앞에서

내 손이 만든 못생긴 그릇이 내게 물을 달라한다. 난 '미안하다, 미안하다.' 사과부터 한다.

그대는 내 무딘 솜씨를 고발하라. 괘씸죄가 적용될 것이다. 그대는 목이 타니 물이나 달란다. 난 철철 넘쳐나게 물을 부었다. 물이 차는 순간 그대는 연못이 되었다. 넘치는 물은 강이 되어 흘러간다.

마음이 있는 곳에 길이 있고, 마음 따라 가는 대로 강이 되는데, 세상에 갖지 못한 꽃잎 같은 내 감성이 보물이니, 더 바라면 욕이 되리니.

오크 밸리(Oak Valley)

산 높고 물 맑아 산바람 물바람에 파릇파릇 귀밑머리 잔디밭은 공이 튀고, 사람은 공을 쫓는다.

세상 속 낙원인가, 여유로운 물속인가, 호수엔 물고기가 놀고 있는지, 골프공이 빠져 썩고 있는지, 나무가 주인이면 더 바랄 게 없다며 물소리가 낭랑하고 쾌활하다.

오크밸리, 하룻밤 풋잠을 아까워하는 사람아! 그래도 못 잊겠다는 사람아!

나무가 서 있다

뿌리부터 온전하게 내리면
나무의 세월은 싱그러움이다.
그 자체가 천년이라
하늘 가까이 머리를 두고
가지를 뻗어 허공을 잡는다.

세상은 녹록치 않아서
쉬운 것은 없고
쉽게 얻을 수도 가질 수도 없으나,
나뭇잎은 기다림의 고통을
푸른빛으로 축복이라 한다.

소나무 · 1

청마여! 눈빛 푸르게 뜨고 뉘 기다리시오. 그대, 한번은 달려야 하리오. 하늘의 뜻이니 큰소리로 울고 달려야 하오. 초원의 땅을 바람같이 달려야 하오.

청마여! 난 그대 향기에 취해 쓰러질 사악한 인간, 하지만 무뚝뚝한 사내 껴안고 싶은 여자가 그댈 껴안는다오. 달이 떠오르면 흑마가 되는 그대, 검은 눈이 달을 품을 때, 그대 발길에 차여 떨어지면서도 그대가 좋아 두 팔로 안았다오.

흑마여! 바다 같은 그대 품안에서 그윽한 달빛에 녹아들지 않는다 하면 아마도 내 눈은 까맣게 멀어야 하리오. 오늘 밤은 꼭 달려야 하오.

소나무 · 2

살아있어 아름다운
부처의 눈으로
세상을 바라보다.
밤이면 눈 부릅뜨고
포효하는 야생마,
송곳 같은 절개는
가슴에 품고
올곧은 마음은
하늘 같아
천년을 우러른들
깨질 수 없는
태양을 향해
은은한 향 사르는
정결한 청옥이다.

내가 사람이다

내가 사람이다.
사람이어서 괴로워해야지.
짐승이 되기 싫어
내게 한 약속은
나무처럼 사는 것도 욕심일 뿐
점잖은 나무를
욕되게 하는 듯싶다.

사람이 사람답게 되는 게
쉽지는 않아도
어찌 살면 사람이 되는지
나무에게 물을 거나.
말이 없어
들을 수 없는 답은
푸름만 배우고 싶다..

자화상自畵像

난 손톱에 낀 가시로소이다. 탱자 가시거나 장미 가시거나 살에 박혀선 아프게 하고, 베픎도 모르고 까다로워, 아무렴. 가시는 스스로 가시가 되어 곪아 터지길 기다리며 꼭꼭 찔러가며 제 얼굴을 그린다.

마음만 꽃을 닮고, 앉을 자리 설자리도 골라서 찾는 까탈스런 가시 품은 자존심만으로 피폐한 성격이 고독을 갉아먹고 목이 말라 물 한 사발 들이켜고 피 말리는 글쟁이가 되었는가. 그러한가?

릴케는 장미 가시에 찔려 죽었으니, 죽음이 영광이리! 난 가시라도 시인을 죽이진 않으리. 마음만은 흐르는 물이 되고 나무처럼 살고 싶다. 가시 품어 그 가시로 나를 찌르면서 후회하면서 살다 가리라.

입지 않은 옷

입은 적 없는 옷이 걸려 있다.
새빨간 점퍼,
나이가 밀어내는데,
난 잠시 착각을 했을까
해바라기꽃 무늬에 이끌렸든지,
젊을 때 입지 않았던 빨간 옷에 취했든지,
마음만은 늙지 않아
꽃을 피우니
또 다른 나와 살고 있다.
눈물 흘리는 자화상自畵像에
점 하나 찍는데
긴 세월을 보냈는가.
보기 흉한 점 하나 생겨났으니
난 감추고 감추면서 살아야 한다.
인생의 훈장
세월의 흔적이라니
거울 앞에서 입지 않은 옷을 걸치고,
웃는 나를 바라보고 있다.

버리기가 어렵다

그리도 어려웠을까
모든 걸 버리기가 어렵다.
내려놓는 걸
배우기도 오래 걸렸다.

가난이 약이 되고
용서가 사랑임을 왜 몰랐을까.
깨끗하니
하늘처럼 살려는 나무도
비탈진 그늘에서 살다 가는데

몸만 씻는 내가
한두 번 벌 받았다 하여
죄만 짓다 살다가는 나를
그 누가 용서하랴.

말을 잘 할 줄 아는 사람

말을 잘 할 수 있었다면
그동안 후회는 없었으리니,
노래보다
말을 잘하는 사람이면
얼마나 좋으랴.

진실이 담긴 말 한마디,
주고받는 말 속에서
나뭇잎의 푸른 속삭임인 듯
서로가 서로에게 위로받는 삶
좋은 인연으로
인생의 탑을 쌓아놓고
함께 갈 수 있다면
은혜이고 축복이리니.

말로 때리고
자존심에 상처주지 않는
덕으로 살면서
가끔 한번쯤 쉬어
생각하는 나무가 되리라.

그 남자

돌이라 하면 굴려서라도
한마디 말 투정이라도 듣겠는데

나무라 하면 흔들어
춤이라도 추어보게 하련만.

어쩌랴!
나무토막에 앉아 본들

된장 항아리 껴안고 살아본들
내 평생 어쩌랴.

길에서 만난 개미

길을 걷다
개미를 만나 걸음을 멈추었다.

큰 먹이를 물고
길을 질러가는 개미
세상엔 인연 아닌 것이 없고
스승 아닌 것이 없다는데
너의 부지런한 삶이
내게는 스승이다.

땀 흘리지 않는 삶이 없고
눈물 없는 삶이
어디 있겠냐마는
너도 몹시 힘들어 보인다.

2부

미완의 사랑

안개

한 방울 물방울이 되어서
길을 찾는다.

물길을 스스로 만들어야 했으니
처음과 끝을 잃어버려
제 자리에서 하늘에 닿기는
더 어려워
밤을 지새고 새벽별 따라와
호수 만나기는 그리 쉬운가.

푸른 산을 껴안고
인연의 실타래를 풀었으나
절정에 다다르지 못한
미완未完의 사랑.

동물원에서

맹수를 보면서 즐거워하고, 귀여운 작은 동물이 사랑스러워, 내 마음에 닿는 거리 밖에서 내가 구경거리가 되어, 불쌍한 짐승으로 아직 살아있었다.

좋아서 떠들 아이도 아닌 내가 무엇을 보려고 왔는지, 오늘 하루가 잊지 못할 후회로 남을까 싶었다. 자유를 박탈당한 자유가 울었다. 그 자유가 억압받는 자유를 슬퍼해 짐승들은 말을 하지 않았다.

고독을 담은 눈들은 짐승이 아닌 예수님이었다. 고난의 십자가를 짊어진 예수였다. 저리 지독한 슬픔을 보았는가! 존재만으로 귀한 생명들 제 삶을 포기하지도 못하는 짐승이여! 더는 짐승이 아니었다. 내가 모신 예수님이었다.

세종시 커피숍에서

쓰디쓴 커피 한잔에
넋두리와
소금 같은 인생이 담겨있다면
넉넉하고 맛깔 나는
만남이 손을 잡는다.

자잘한 일상이 하루를 삼키는데
커피를 마시며 자유를 찾는다.
너와 난 자유인이다.

세종시를 몽땅 싸들고 가는데
그 기분 느낌 그대로
카페라떼.
부드러우면서 쓴맛에 취한다.

악마의 선물이 이 맛이라면
악마의 유혹에 빠진
종이 되련다.

강릉 Hollys coffee shop에서

고층 하늘에 커피숍이 있었다.
하늘에서 마시며
바다를 내려다보니
마음은 구름밭에 노닐었다.

세월을 한 잔의 커피처럼
담을 수 있다면
반세기 자란 나무는
하늘을 가득 담아야 하리.

생각이 해변 조약돌로 모여
모래알로 흩어질 때
난 강릉해안가 솔밭에서
솔방울 한 개를 줍고 일어났다.

강릉 안목 카페에서

술 한 잔의 추억에 취한
젊은 시절
당신이 날 그리워했다고 말해 준다면
늦었으나 오래 기다렸던
한가한 시간여행을 하며
카페라떼 한잔이 행복합니다.
안목 커피 마을은
파도소리가 새 울음처럼 몰려와
파도로 부서지면서
먼 바다의 세월을 끌어안고
소리쳐 울고 있었습니다.

남선 공원에서

시간을 휴지로 쓰면서
커피를 마시는 여유로
졸음을 는
헛헛한 웃음이
하루의 삶이었다.

곁에 가까이 기다리듯
서있는 공원.
얼마 만에 찾아왔는가.
소나무에
백로 한 쌍 집짓기에 바쁜데
그 많던 비둘기는
어디 갔을까.

손가락을 꼽을 만큼
가는 세월만 기억하는 노부부
산보다 더 늙어
돌아가면 언제 올 것인가
약속은 하지 않았다.

어느 여자女子

뽀얀 분통을 소유하고
장미꽃 앞에서 웃는 여자

사랑을 하고 이별한 세월 속에
사진 한 장을 남겨 놓았다.

잠든 영혼이기보다
살아있는 자유로운
바람이 되고 싶은 여자

어느 한곳도 비워둘 수 없어
켜켜 삶으로 빈틈없이 채운다.

죄의 종

하늘이 있음도 잊었다.
바라보는 것이 두려워
내가 볼 수 있는 세상에서
천당을 찾았다.

하늘엔 구름이 떠서
새털처럼 가벼울 것이고
난 영혼이 무거워
천근 납덩이가 되었으니

내 탓이로다.
하늘 길이
자유로운 새들의 길이면
나도 날아가고 싶지만

죄의 종으로 살며
내 갈 길을 염려하지 않고
오직 내 탓이로다
고개 숙여 고백한다.

갤러리(Gallery)에서

푸른 초원을 적신 이슬이
반짝 눈을 뜬 아침
지난밤에 내린 빗방울을 본다.
구름에 가려진 달빛이 차가워
잠자리 날개를 접게하고
배고픈 억새 울음소리 들리는
냇가로 데려다
마지막 가을비 몰아올 기세로
춤을 추게 한다.
하얀 종이에 방울방울 맺도록
정성껏 찍은 물방울이
강물이 되어 흘러가고
온 들을 채우면서
지나 갈 수 있는 길 따라
가을바람이 찾아와 색깔 있는
이별을 보내고 있다.

어느 엄마의 자살

생목숨을 놓을 때 이유가 있어야 하나.
자식을 죽이고 자살한 어미,
몸서리나는 모정이 사랑인가.
이기적이고 탐욕스런 인간은 있어도
새끼를 죽이고 자살하는 짐승은 없다.

노인의 자살

노인의 자살이 남의 일이라고 생각하시나요. 인생은 하룻밤 도박처럼 실수는 아닌데도 쓴맛으로 맛보인 썩은 음식도 배고파 먹게 된 서글픈 인생이 있답니다. 사모님, 노점상인들 목숨을 잇는 하루 삶을 똥덩이를 대하듯 하지 마세요. 화분으로 놓인 길이 왜 아름다운지, 그건 자연과 사람이 함께 살고 갈 동행의 길에 아름다운 사람들 마음이 있기 때문이지요. 노점상인의 생업을 막고 짧은 인생 베푸는 인정 없이 살고 간다면 사모님 잘 살고 간다고 하겠는지요. 부와 빈은 종이 두께보다 얇아서 죽으면 가져갈 수 없다고 내가 한 말이나 사모님 자식들 형제들이 노점 상인이라면 인생은 하루 아침에 변하는 날씨 같아요. 비겁한 자살보다 고생하는 인생의 승리를 위하여 잘 살아 가세요.

까치와 노인

가난한 집 울타리는
자목련 나무 한그루뿐이어서
까치가 와서 울었다.

깟깟깟 아침을 쪼는 소리에
늙은 부부가 창을 열었다.

까치 꽁지에 눈을 맞추는
노부부 얼굴이 가을 해바라기
꽃처럼 웃었다.

그 꽃잎이 접혀지면서
하나씩, 또 하나씩 떨어진다.

버스 정류장에서

의자가 비어 있다. 앉으며 표지판을 본다. 916번 버스는 방금 떠난 모양이다. 18분의 기다림은 지루하다. 106번, 705번 버스가 오고갈 때 순서 없이 내린 사람들이 떠나갔다.

혼자앉은 자리 옆이 허전할 때 누군가 앉는다. 나처럼 늙고 몸이 무거워 보이는 남자다. 세상에서 제일 작은 섬에 돌인 듯 앉아있는 나. 내 옆 사람은 밀물과 썰물에 젖은 풀포기처럼 보인다.

외롭다는 생각, 늙어서 알게 된 철든 넋두리라도 들어주고 싶은데, 절인 풀포기가 무슨 말을 하겠는가. 부서져 모래가 되고, 시들어지면 사라질 것인데, 아직도 버스를 기다리고 있다.

상신리 도예촌에서

도자기 한 점 아까운 듯 만지며
눈으로 쓰다듬고
돌아서며 값을 따져보는
나를 슬퍼하면서
나의 시 한편을 생각한다.

계룡산 작은 산이 빛으로 일어나
내 눈을 찌른다.
도자기와 시가 만나 예술이 되는
길을 가다 만나는
서로의 눈빛이 부딪힐 때
어떤 소리가 날까.

무게 없는 시
무거운 도자기
가여운 내 시를 위한 헌시를 짓는다.
오랜 역사가 되고도 남을
시 한편을 바치고 돌아서는 길.

상신리 계곡에서

여름 땡볕이 산 능선 그림자로
숨기 전
해는 익을 대로 익어
술주정뱅이 발을 잡고
바닷물에 빠져들고 싶은가 보다.
첨벙거리는 한 다리를 흔들어
주저앉아선 터방터방 물놀이 하다
계룡산 봉우리에 걸치는 해.
산위 나무는 높고
하늘은 더 높이 먼데
나뭇가지로 들고나는 바람은
얼마나 높이 있는지 볼 수 없는데,
물속으로 뛰어든 사람들만
개구리가 된 지금,
미끄러지는 물결이
내안의 깊은 곳을 적셔 준다.

정선 장날

하늘의 명령은 맨 먼저 우물을 파라 하셨고, 사랑으로 빗물도 주셨으니, 속 깊은 우물은 물이 넘치며 흐르는 물을 흐르도록 함으로서 길이 될 것이니라.

남겨놓은 물 담을 만한 항아리, 배불뚝이 항아리 인심이 정선장이 되었으니, 저리 넉넉한 항아리면 나누어 먹어도 모자람은 없으리. 산이 키운 천년 산삼 임금이 먹고, 천년 백도라지 술로 담가 세상 사람을 불러다 맛이라도 보게 하리라.

없는 것 빼고 다 있다는 정선장터엔 떡메 치는 소리와 산초 향기에 취한 사람들로 떠들썩한데, 뱀이 기어간 길을 밟고 고개고개 산 고개 백두대간 너근령을 넘고, 물 건너 구름 서린 물속 찾아오니, 달님에게 오던 길을 물어야 하리라.

갑천에서

목마른 갈대 무시로 찾아와
터를 잡았다.
물빛 머금은 풀무리가 비집고 앉아
군무群舞를 추고 있다.

강물은 떠날 것을 위한 길을 알았으나
서두르지 않는 걸음이
만남을 소리쳐 기뻐하지 않는다.

갈대 그늘로 숨는 고기떼
 슬며시 밀어 넣는 저 부드러운 모정을
손을 들어 보이며 갈대가 운다.

가슴에 든 마른 모래를 물로 씻으며
느림의 발걸음에서 살아있는
미학의 숨결을 듣는다.

동해안에서 · 1

해를 안고 잠재운 바다
이력을 밝히지 않아도
태초는 알 것이나
역사의 시작이 파도의 탄생일 터.
부서지고 깨지면서 잉태한 어머니,
세상과 연결된 다리였다.
바다의 위용에 눌려
가만히 서 있으면 되는데
해저가 궁금해져 거북이를 불러본다.
네 등에 올라타면 대서양 태평양
횡단도 하리란 꿈은
저 바다처럼 가질 수 있었다.
쪽배를 타고 파도를 타고
닿는 돌섬에 올라 아침 해 맞으리라.
돌아 갈 수 없는 물길에서
길을 잃어도
나 지금 갈매기 날개보다도
더 가벼운 날개를 펴고 있다.

동해안에서 · 2

파도 같은 인생을 살면서, 잃어버린 섬을 버려두고 온 것 같은 아쉬움이 그리움으로 남았을 때, 언제고 만날 수 있는 바다를 떠 올렸다.

새 봄은 꽃보다 먼저 파름하니 돋아난 새싹이 반갑듯 이 봄날, 운명처럼 바다와 마주섰다. 파란 하늘같은 가슴시린 고백을 털어놓고 잊을 수 없다는 말을 꺼내기 전, 꿈길로 접어든 나비처럼 발자국 없는 하얀 길로 날아간다.

홀로 가려니 작은 배라도 띄워야지. 기우뚱 흔들리는 바다를 안았다. 날마다 산고를 치르는 어머니 바다. 해오름 아침을 노래하는가.

바위섬을 만들고 해저 깊이 돌이라도 묻어야지. 늙을 수 없어 죽을 수도 없는 어머니 바다. 한 방울 물이라도 쏟을 수 있던가. 생명의 밭 살아있는 전설을 품은 소금 땅에 나를 던졌다.

몽산포 해변에서

파도는 우는데
빗소리를 먼저 듣는 오늘이 슬프다.
내 귀 가까이 속삭이듯 외치는
그대 목소리가 떨린다.

세월호에 실린 원한의 아우성은
꽃다운 영혼들 울부짖음도 외면한 채
물결로 전해져 감지한 몽산포 해변에서
난 파도소리보다
빗소리에 묻힌 오랜 침묵보다
무서운 기다림을 바다에 놓아두고
원망의 한숨으로 바라본다.

내 가까이 바다는 그대로인데
꼭 함께 있어야 할 우리들 사랑인
그대가 보이지 않아
너무 슬픈 외로움에 나는
빈 배라도 띄워야 한다.

전등사傳燈寺에서

바다를 건너기 전 옆구리에 끼고
산허리 잡고 산속보다 더 깊은
산 마당 같은 절로 찾아간다.
때맞추어 내리는 안개비는 산 하나쯤
스스로 묻어놓고 돌아앉는다.

그 산이 안았을 달빛
부처님 눈썹 아래
불심을 훔치는 큰 잘못을 저질렀다.
마음속에 없다면 없는 것이다.
  불 앞에서 달을 보았을 허욕이
절 마당가 함박꽃을 찾아내고 웃는다.

생각이 많은 인생들이 떼까치로 찾아 들어
사람들 발소리가 절 마당을 누비니
난 돌아가서 무엇을 보았는지
말은 하지 않을 것이다.

홍차가게

호숫가 홍차집 그 집엔 쑥향 풍기는 여자가 붉은 향기를 우려서 찾아오는 이를 기다린 듯 반기며 따듯한 마음을 나누어 주고 있었다.

찻잔에 꽃을 꽂아 놓고, 오래된 이야기로 남은 첫사랑 품고 있을, 지금 내 곁에 앉아있는 시인 두 사람과 마주하고 서로의 지난 속정을 들여다보며 말해주길 바라면서 노을이 된 홍차를 마신다.

가을이 익었으니, 호수에 빠진들 추우랴만, 지금 창밖엔 가을비가 수직으로 떨어지는데, 바람의 심술인가, 빗발이 희뿌연 안개비로 변할 때, 호숫가 건너로 산 하나 가라앉는다.

홍차를 마시는 오늘, 이 시간이 지난들 어떠하고, 밤을 지새운들 어떠하리.

새만금新萬金

군산 열도는 넓은 바다가 있었다.
바닷길 새 길에서
양팔로 바다를 끌어안았다.
파도는 한낮의 햇살에 졸려 했고
난 갈매기가 되어야 했다.
아무도 몰랐을
새로운 역사적 사업,
하늘과 바다는 진작부터 알아서
전설이 현실이 되어
바다는 출렁인다.
작은 나라 지도가 바뀌고
물길이 되어
세계가 놀라고 있을 때
난 갈매기가 되어 날아간다.
끝없이 달려서 바다에 떠있는 산
그 산을 만나 비로소 날개를 접는다.

시인 오장환 문학관에서

고독한 나무라 불리면 대답을 하리까.
영혼을 태워 노래를 불렀다 한들
이 세상에 휘파람새가 되셨는지
호수를 건너 산을 돌아 가슴에 안고
별을 만지면서 찾아갔습니다.

시인의 집에 들러 인사를 하려다
난 먼저 인기척을 엿듣고 기다리는
담 위의 익은 호박을 보면서
기억나지 않는 시인의 얼굴을
저 푸른 호박에 그렸습니다.

아이들 목소리가 들리는 초등학교,
시인의 곁에 있음이 위로가 될 것이나
사계절 세월을 품고 보내시니
오늘로서 방문한 늦은 인사를
몇 줄 낙서로 남기오니, 기억하소서.

3부

두루미가 오던 날

가을 여자

금바늘이 이마에 꽂혀선
씨앗이 되려나 보다.

황금빛살이 반짝일 때
바람 끝을 잡고 갈 곳은 많은데

살찐 능금을 깨물면서
탱글한 볼때기 어루만지니

어떻거나 나는 가을여자,
아무렴 나는 가을여자.

나의 어머니 · 1

나의 어머니는 불쌍한 시절을
불쌍하게 살고 가셨다.
여자이기 때문에 더 불쌍한 삶이
빼앗긴 나라에서
개똥같은 세상을 보면서
눈물 나도록 가난해서
개떡 쑥떡도 없어서
못 먹고 개 같은 하루하루를 사셨다.
동족을 죽인 전쟁도 견디시며
배곯은 한평생
자식 오남매 하녀로
남편의 종으로
살고 가신 어머니
어머니 눈물이 강이 되어
내 가슴에서 흐르는 그리움이다.

나의 어머니 · 2

내 어머니 세월은 가난했다.
여자라는 이름이
죄가 된 세상에서
바보가 되기는 쉬웠다.
바보로 살기로 결심했을 때
어머니는 방안에 놓인
저기 저 장롱이 되었다.

사랑하는 딸아

사랑하는 자식을 잃은 어미가 있다.
죄가 많으면 자식을 가슴에 묻고
죽을 때까지 끌어안고 살아야 한다는데
난 어쩌란 말이냐.
괘씸한 놈 어미를 두고 가다니
꽃보다 예쁜 것이
심장마비로, 하루처럼 살다 가다니.
가끔은 널 잊는 시간과
놓아버린 시간도 많았지만
하루도 널 잊은 적은 없었다.
넌 새가 되어야 해
훨훨 자유로운 새.
산에서 살면서
푸른 창공도 우러렀으면 좋겠다.
언젠가 만나는 날, 어미는 나무가 되어
널 편히 앉게 하리라.
인연은 끝이 아니니,
사랑하는 내 딸아.
넌 새로, 난 나무로 만날 것을 믿는다.

남편 곁에서

남편 곁에서 시를 쓰는 여자
산수傘壽를 넘긴
늙은 청년 곁에서 시를 쓴다.
가난을 부끄러워 한 것을 후회하며
가난한 부부의 삶을
비로소 고백한다.
이런저런 사연
많은 삶이 인생이라지만
그 사정 그 이유를 조롱하는 세상에서
아름다운 세상을 사랑하고
시를 쓰는 여자
남편 곁에서
시를 쓰고 잠이 드는 여자.

* 산수(傘壽) - 80세

나무 앞에서 옷을 벗는다

나무 앞에서 옷을 벗는다.
만세萬歲의 삶이 창창蒼蒼한 하늘만 우러러
부끄러움 없이 살리라 다짐하며 산다.
혼탁한 방황의 땅에서
오로지 사람으로 살기도 어려워
길에서 만난 너로 하여
이 세상이 아름다웠노라 말하련다.

너와 내가 하늘에 머리를 두고
땅을 의지해 살았으나
널 부러워함은 내 욕심이 아니다.
난 거짓의 옷을 걸쳐 입고 길을 나서지만,
넌 만장기를 펄럭이는 나뭇잎으로 서 있다.
수만 잎사귀의 손짓 아래에서
너를 껴안고 싶어 옷을 벗는다.

꽃 앞에서

난 무슨 생각을 해야 되는가.
마음에 묻는 어리석음도,
마주한 눈빛이 뜨거워질 때
비로소 서로를 보았으니.

세상의 귀여움에 몸살도 앓았고
신의 시샘인들 받지 않았으랴.
검은 눈이 더 무서운 세상에서
별들로 하여 위로받는 꽃,

내 욕심이 가는 대로
널 꺾어도 내 것은 아니었지.
너로 하여, 목마름의 인생이
행복하다는 말 한마디일 뿐.

향수鄕愁

고향집 마당 말뚝이 썩을 줄 알았을까.
수송아지 젖 떼고 팔려 나가고
거름더미엔 못 먹는 버섯이 나풀댄다.
울 엄니 저승길 떠난 지 십 수 년.
울 엄니도 아버지 따라 가실 거라고.
꺼먹소 팔렸을 때 알아봤다.

고향집 지키던 오라버니도
작년 기사년에 돌아가셨다.
찾아가도 금잔디 무덤만 덩그러니 앉아
큰절을 올리는 나를 바라보는데
그리움도 흑백사진이 되어
이 가슴에 잔디로 자라고 있다.

밤길에

시인은 가끔 밤길을 나서며 가출하는 바람이 되어 본다. 차 한 잔의 여유로움, 세상길 초입에서 처음 만난 기쁨을 함께 나누어도 좋은 사람, 밤길을 밝혀준 불빛이 흐느적일 때난 달을 만났다.

잊은 적 없이도 널 잊었으니 속내는 보일 수 없이 반갑게 만나면서, 눈도 없이 세상을 볼 수 있어 불행도 모르는 달, 둥근달이 날 따라온다. 널 잊은 게 아니라는 변명을 넌지시 전하고 싶었으나 마음 없이 던진 말, 넌 그 옛날의 내 달이 아니잖니.

세상 속 인심밖에 쫓겨난 날로부터 내 가슴에 품었던 달이 생각하는 대로 둘도 셋도 되는 그날부터 무지개 타고 무동 타는 어릴 적 꿈속에서 사라져간 슬픈 달을 찾은 오늘, 밤길이 환하다.

봄의 귀향

냇가 버들이 눈을 뜨면
연둣빛 물결이 흔들린다.
칭칭 늘려 잡고
수초가 헤엄을 치며
새물을 타고 오르는
고기와 함께
살아서 돌아온 고향이다.
새봄은 드디어
살아서 돌아왔다.
생명을 끌고 찾은 고향
강 건너서
오는 곳 산천이 보이는 곳.
그 곳이 정겨운 고향이다.

5월 21일 소만小滿

제철을 알아서 핀 꽃
돌아갈 길을 가르쳐 주었던들
장미꽃 아카시아 꽃
그 길을 마음에 두고
뒤따를 것인가는 묻지 않을 일이네.

때를 놓치지 않겠다는 쥐똥나무꽃
향기도 지나치면
지독한 냄새라고 나무랄 수 없다.
삼라만상森羅萬象이 살이 오르는 계절이라
보리도 뎅글뎅글 살찌고 익어가네.

세상에서 만난 첫 인연
세월이 가면서 정 따로 믿음 따로
강이 되었어도
눈물 같은 사랑이 없었다면
흐를 수 없이 메말랐을 터이네.

오월이 오면

사월 꽃들로 행복했고
꽃들로 하여 서운도 했으리.
꽃이 진 자리에
별들의 사랑이 깃들어
상처로 남은 흔적을 어루만지며
아파하기도 했으리.

푸른 계절을 거치는 산길에 들어
꿈인 듯 보이는 하늘 속에서
강을 발견하고
물길의 흐름은 푸르렀으리니,
그 나뭇잎 샛길로 찾아와 보내는
향기임을 알게 되었을 때
향기에 이끌려서
비로소 산봉우리에 섰다.

걸음마다 묻어나는 아카시아
꽃향기에 사월을 보낸다.

보리가

보리라 하니
보리가 되었다네.

가난한 영혼을 빌려
배고픈 보리가
귀족이 먹는 보리쌀이라니
발가벗은 채
엄동을 견디고 기다리는 봄

나풀나풀 나비춤을 출 때면
곧추 세운 모가지로
하늘을 찔러
시퍼런 물이 쏟아져 채워놓고

태초 바람의 모습 그대로
푸르도록 젖는 사랑.

파초의 꿈

난 잠자는 인어공주가 아니야.
청춘은 맨발이라도 좋아서 맨발로
지구를 한 바퀴 돌더라도
청춘답게 살고 싶다.

누워 잠잘 곳만 정결하면
하늘을 가리고
사랑을 나누다 잠들 수 있으리.

태양을 애무하면서 질풍 같은
소나기를 즐기는
정숙한 여인이 아닌데도
천둥번개라도 만나기를 바라는
바람의 딸.

난 파도 같은 사랑도 원하고
꺼지지 않는 불꽃도 원하지만
귀족의 딸이기보다
집시의 딸, 바람의 딸이었으면 좋겠다.

두루미가 오던 날

오색비 내린 들에
고향의 눈이
하얗게 내리는 날
꼭 잊은 듯이 찾아오신 손님
한 울음으로
종을 쳐서 하늘에 알리고
이 세상 천사가
복음을 전하듯
찬바람이 먼저 반기고
이 나라 강산 온 누리에
평화와 기쁨이
우리와 함께 하리라.

죽은 친구에게

머리 풀고 가면 새가 되는가.
꽃 따라 간 나비라면
봄에 다시 오련만
너의 반듯한 이마에 손을 얹어
온기를 빼앗아간 야속한 이에게 묻노라.
길에서 만난 인연이 사십년 우정을 쌓고
나무와 나무처럼 서로를 인정하면서
마음의 벗이었던 너와 나.
세상에서 쓴 편지는
부칠 수 없는 주소였다.
너는 입술에 새빨간 립스틱을 바르고
장미꽃처럼 웃었지.
난 지금도 입술을 떠 올리며
네 입술에 내 더운 입술을 포개고 싶다.
넌 산봉우리에서
난 강가에서
빨간 입술을 찾으며 손을 흔든다.
7월에 떠난 친구야
7월이 오면 검푸른 포도를 따서

빨갛게 립스틱을 바르고
입술로 물고
빨간 네 입술을 다시 찾아주고 싶다.

길에서

도심에서 소가 트럭을 타고 간다.
저 소도 죽으러 가는 게다.
남편이 남의 일을 판단하고 있었다.

시대에 맞게 저승길에 소도 차를 타고 간다.
삶과 죽음은 멀지도 않지만
먼 길이라서 돌아 올 수 없어
머언 길이라 하는가.

난 지금 불쌍한 부처님을 본 것 같아
마음이 슬프면서 가슴은 먹먹하여
두 눈을 감아본다.

오늘도 난 죽지 못했으니
내일은
예수님을 만날 수도 있겠다.

비오는 날에

비오는 날에 나의 외출은
시들지 않으려는 파초의 꿈이어요.
벽에 가려진 그늘같이 우울한 날은
커피향 가득한 카페가 생각나요.
마주앉아 웃을 수 있는 그 얼굴이
커피 향처럼 모락모락 떠올라요.

비 내리는 창밖 세상보다
환하지 않은 카페에서
혼자 마시는 쓸쓸함을 달래는
빗소리는 들리지 않는데
유리에 부딪는 빗방울
하나, 둘 세는 기분이 좋아요.

국화꽃을 보내며

백송이 꽃으로 만든 소리 없는 종, 그 종이 울리던 날, 그댄 내 손에 억지로 이끌려서라도 나의 연인으로 사색思索의 오솔길로 걸어야 하오.

촘촘하게 백날을 엮어 한 송이 꽃 피울 때는 천년을 기도하는 마음으로 살고 간 세월이라, 야윈 두 뺨에 눈물자국 그 자리엔 가난한 길로 뻐꾸기가 울며 지나가고, 물오른 사춘기 시절, 소낙비 맞으며 끼들거리던 푸른 날, 맹수의 포효咆哮 같던 빗줄기도 달기만 했다오. 뽀얀 두 볼을 아까운 듯 만지고서야, 앙상하니 마른 담쟁이 마음도 알게 되고, 안개 밭에서 모래를 만지듯 바라보는 심정心情 깊이 일어난 파도는 잔물결이 아니라오.

내 일생, 오직 나의 연인이시여! 돌아다 보면 멀어지던 눈송이처럼 백초白草의 무덤을 보라 하시네. 첫날부터 눈 씻고 보아야 하오.

늦장마

빈 솥단지 불 때는
며느리가 겁이 나서
시치미 떼고 돌아앉은 시어머니
먹구름 몰아올 하늘만 바라볼 때

늙지 않은 심술 늦장마
아직 젊음을 자랑하는데
늦바람은 혼절할 만큼 무섭다지만
게으른 바람은 누가 막으랴.

가을이 부르는 호수의 노래

— 세종 호수공원에서

가을이면 떠오르는 이름 하나, 품고 사는 사람은 참 행복한 사람입니다. 만추의 달, 잘 익은 달님이라도 따서 아무도 모르게 호수에 밀어 넣고 떠날 수 있다면 얼마나 좋을까요?

가을로 가득찬 세상엔 예쁜 사랑과 찬란한 이별만 있기를 바라지만, 눈물보다 슬픈 사랑도 있기로 젖지 않는 황금 빗방울, 가을 노래로 쏟아질 때 벗은 몸 그대로 오색 빛 우산 펼쳐 놓고 기다리는 나무 아래 잠시 서 있습니다.

가을새 노래가 들리는 호수에서 붉고도 노오란 노을을 보노라니 그대 손에 국화꽃 한 송이 들려서 보내고 싶은 마음이라 그대와 나는 가을의 연인입니다.

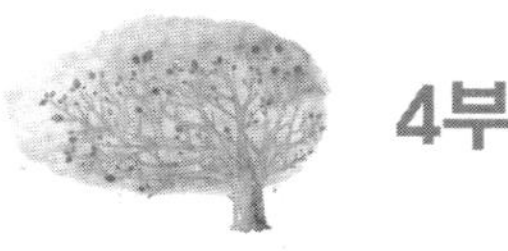

4부

파도가 바다를 일으켜 세우면

봄보리가

푸르른 파도이었어라.
밭이랑에 가득찬 물에 발목을 담그고
바람을 꿈꾸어도 마냥 행복하였어라.

단발머리 나풀나풀 뛰어노는 소녀야,
아침 해 뜨고 한낮이 기울면
발돋움한 키보다 더 자랄 테니
종달새 불러다 숨겨야 하리.

봄이 익을 대로 익으면
당당하게 꼿꼿이 세운 허리로
하늘을 섬기리라.

푸르고도 시원한 바람이 불어
파도가 바다를 일으켜 세우면
바람을 타고 출렁이면서
바람을 타노라니 봄날은 가리.

봄 · 1

늘 가까이인 듯 먼 데서 돌아와
곁에 있어도 그립다.

꽃 한 송이 건네어 가슴에 안았으나
꿈인 양 사라짐이 아쉬운 까닭에
봄비 내리던 날에 촉촉한 입맞춤
잊을 수 없는 꽃.

수많은 고운 꽃 가운데
봄의 임이 되신 꽃은
어느 꽃인가 알려 마라.

머리 터질 꽃 전쟁을 그 누가 막을까.
봄이여 그댄 꽃의 임이기 전
꽃 무릎을 베고 재롱을 부리고도
시샘 받는 바람둥이다.

봄 · 2

샛노란 햇병아리
맨 먼저 찾아 입에 문
연둣빛 새싹
봄, 봄, 봄.
봄 햇살,
사분사분
춤추는 나비 날개
어느 들인들 비우랴!
민들레 꽃다지
살아서 찾아온 꽃소식
달래 냉이
봄, 봄, 봄.

봄 · 3

앉은뱅이 민들레
족두리 얹은머리

황금햇살도
시샘할 때

민들레 아가씨
시집가는 날.

봄 강 · 1

출렁이지 않아도
스르르 풀어 감기는
물결이 부드러워
연둣빛 물오른 버들가지

강물 속 깊이 드리운
햇살을 건지려다
어젯밤 내린 봄비
새물을 맡고 올라온 잉어.

한 마리 낚은 뒤
벌컥벌컥 강을 들이켜고
능청능청
어깨춤을 추네.

봄 강 · 2

아지랑이, 아지랑이
봄을 기다리는
노루목에 걸면
꽃 구슬이 되고
백로는 하얗게 날아서
산 하나 넘을 때
구름이 될 터이니
사라짐을 염려하지
않아도 되네.
강 건너 멀지 않게
서 있는 버드나무
내 눈에서 가물가물
멀어진 까닭은
치렁치렁한 나뭇가지
휘감고 도는
파름한 물빛 같아
소리 한번 지르고
맴을 도는 물살이네.

봄 냇가에서

난 봄을 만나러 갔다.
한참을 서 있었다.
흘러가는 냇물을 보고 있으려니
괜스레 심통이 난다.

돌 한 개를 무겁게 들어 물속으로
슬며시 밀어 넣었다.
조용하던 냇물이 소리를 지른다.
졸졸졸 쪼르륵 누구냐 묻는다.

난 또 돌을 들어 힘껏 던졌다
풍덩 퐁퐁 요란한 소리다.
난 비로소 봄의 소리를 듣고
돌아올 수 있었다

4월엔

강물이 흘러 바다가 되었다.
강물은 알아서 세월이라 했다.
그 세월을 따라서 가노라니
휘어지며 꺾이지 않은 바람

푸른 물결로 흔들리다
머리 풀어 헤칠 때
꽃사월은 아까운 듯 가는 데야.

이 봄날이 강이면 어떠하고
바다면 어떠하리.
보리가 물결치면 꽃사월은 가노니
푸르게 젖어 흔들리고 가노니.

보리밭

강물 같은 세월이나
휘어서는 갈 수도 없음이라.

태초의 바람을 세워놓았어라. 휘파람으로 물꼬를 터놓아 이랑에 채운 물로 바다가 됨은 하늘같은 약속 지키는 것이었어라. 무리지은 군마를 앞세운 선구자로 남아 곧추세운 모가지 나긋한 본성本性대로 군무를 추노라니 이름마저 잊을 터인데, 남풍에 실린 향기로운 풋내만은 자랑하며 기억함이라.

노을이 익어서 돌아가듯이
보리가 흔들리면 봄은 가리라.

소나기

한줄기 바람 끝에 일어서는 나무들이
푸른 파도로 밀려와
한여름을 예찬하는가.

채송화 연정을 짓밟고
잎을 때리는 소리, 군마의 울음인 듯
먹구름으로 달려올 때
모두 귀를 열었다.

젖은 채 달리는 소리
강에 닿아 강물에 빠지면서
눈물을 닦은들 강이 눈물인가.

이웃집 초상집 문상객이
제 설움에 눈물 나서
술 한 잔 마시고 사립문을 나선다.

여름날의 노래

꽃비에 젖은 날부터
백일홍 입술엔
새빨간 루즈가 어울렸네.

소나기 빗발에도 봉선화는
사랑은 놓칠 수 없어
날개옷을 입고 단정히 앉아
임 기다리길 백날이네.

푸르른 너울파도
나뭇잎 춤사위도
한껏 어깨 올려 자랑하네.

열정으로 퍼붓는 불꽃
사랑을 조르는 매미 울음만
애가 타네.
정말 애가 타네.

가을이면

칼바람 앞세운 가을이 오면
행복했던 매미들
사랑이 잘리고
즐거운 합창도 잘렸다.

인정사정도 없는 세상이면
저리 푸른 하늘인들 온전하랴.

미련만 남겨놓는 이별도
용서가 안 된다는 서릿발.
맨발로 쫓겨난 가여운 군상群像들
모두 색색 조각보를 쓰고
어디로 가는가.

가을 길에서

316번 버스를 타고
가을 길을 나섰다.
낙엽 깔린 보도는 쓸쓸하나
발에 밟히는 살아있는 소리는 듣기 좋다.
바삭바삭 맛있는 소리
바스락 바스락 생쥐 알밤 먹는 소리
내 발걸음에 묻어나는 소리에
검은 눈을 던지는 순간
난 눈이 찔렸다.
아, 내 눈을 아프게 한 잎이여
새빨간 단풍잎을 포박하노라.
잎은 내 손에 잡혀서 버스에 올랐다.
어디로 가느냐 묻지는 말라.
날 미치게 한 열 번째 사랑
너와 난 오늘밤 일어날 일도
더는 묻지 말 일이다.
우리의 마지막 정사를 위하여!

가을 해바라기 · 1

고개 숙인 널 보노라니
마지막 인사도 망설여진다.

눈.
코.
입.

웃음으로 감추어 놓고
제 얼굴을 그려 내려니

아
차
차

보름달만 떠 올리다
야윈 네 얼굴을 잊을라.

가을 해바라기 · 2

긴 목에 감겨진 바람을 풀며
손닿을 수 있는 해
힘껏 끌어안지만

열정이 식어지면
눈빛도 부담스러워
속내 감춘 해실한 웃음마저
속되어서
돌아서야 할 때를 알았네.

돌아선 뒷모습에 드리운
그늘마저 서늘한데
고개 떨군 어깨 위로 떨어진
낙조만 단풍처럼 뜨겁네.

가을

어둠을 향해 돌 하나 던진 것이
밤하늘 구멍이 나도록 한 심술은
아니었다는 변명이
낯 뜨거운 줄 아는가!

반짝이던 별 떨군 죄가 부끄러워
소금물에 몸을 씻으며
아침이면 메꾸어질 하늘이라고
두런대며 걸어 나오는
그대는 가을 사내.

오늘 낮 황금나무 아래서 꼭
황금 열매를 딸 일이란 생각에
옷을 입으려는 순간

어서 달려야 한다는 야생마
울음소리에 놀라 발가벗은 몸
그대로 말 등에 올라탄 사내 속울음
외로움을 타는 가을 사내.

단풍잎

가을로 가득한 호수엔
잘 익은 보름달이 있었다.
흘러가는 물 따라 빠져버린 달
건질 수 있는 도랑엔
구르다 일그러진
또 다른 달이 가을 길을 잃었다.
길 위에서 길을 묻는 달.
빨간 단풍잎이 무서워 자지러지며
노을빛을 안고 가는
이별 같은 이별을
생각하면서 울고 싶은 달.
새빨간 단풍잎이 달을 찔러서
울컥울컥 피를 토하게 하는
저 지독한 사랑을 보았다.

수목원의 가을

가을이 내려와 쌓인 수목원에서
난 어쩔 수 없이 가을여자가 되어
가을 나무로 서 있었다.

쓸쓸한 바람이 옷깃을 여미게 하여
낙엽을 주워들고 오솔길을 걸으며
매미를 떠나보내기로 마음먹었다.

아직 꺼질 수 없어 식지 않은 꽃.
금잔화를 보면서 슬픈 이별을 위로하며
난 소리 없이 떠나야 했다.

대청호 가을

가을비 추적추적 내리던 어제는
온 세상이 울었으나 뒷날의 오늘은
호수가 젖어 안개로 머리 풀고
소리 죽인 소리에도
무너질 가슴이 있음도 알아야 합니다.

하늘하늘 춤추는 억새꽃이 손을 들어
해롱해롱 구름을 헤치면서
방금 나온 해를 만나는 기쁨도
함께 나눌 수 있습니다.

나무가 잎을 떨구는 시간을 맞추면서
먼 남쪽 하늘로 방향을 잡고
날개를 펴는 여름새 서운함은
이 가을 누구의 몫인가요.
이별은 너와 내가 위로해야 합니다.

첫 눈

오랜 기다림이
꽃 한 송이로 피어나
세상 속에 모습을 드러내던 날

생명의 탄생 같은 희열에 젖을 때
회색빛 안개로 덮힌
하늘과 땅을 잇는
무지개다리 무너뜨린
비극적 사랑.

이 세상 전설이 되고도 남을
로미오와 줄리엣의 만남처럼
하늘의 인연이 있었으리라.

함박 같은 웃음으로 만나
온몸을 껴안아도
첫 키스 온기를
서로 알 듯 한데
모르는 님이 더 애가 타는 날,

얼굴에 닿은 감미로운 느낌
아까운 듯 만지며
꽁꽁 언 두 손을 받들고
꽃 이파리 고이고이 받았다.

초겨울

새떼가 되어 날아가던 낙엽
어느 빈 하늘 나그네가 되었는가.

묻지도 말라하는 바람이 꽁꽁 얼어
앙상한 나뭇가지에 매달려
날지 못한 겨울새가 되려는가.

오고가는 세월 속에서 인연이 되어
겨울 초입에서 흩어진 생의 침묵 속에
자연의 질서가 있으리니.

5부

하늘의 정원

영산홍 연가 · 1

자애로운 미소는 우리 어머니,
눈이 부신 웃음 앞에서

저속한 웃음을 밀어내고
순결한 꽃을 질투한 까닭에

하룻밤 풋사랑을 추억하며
술 한 잔 건네고 취할 수 없어

그대는 그 해 그 어느 봄날
첫사랑에 아파하는 연인입니다.

영산홍 연가 · 2

꽃들의 줄서기도 아름다운 봄날, 옹다문 꽃봉오리 실눈을 떠 세상을 보려는 모습도 정결한데, 햇살을 쥔 손도 다부져 보였어라.

목련꽃 하얗게 피어 하얗게 가노라는 말 대신 뚝뚝 빗방울 소리로 썩어지며 사라짐이 당연하여 누울 때 쫑긋이 세운 토끼새끼 귀를 닮은 꽃봉오리 열리기 시작한 날 기억하게 되었어라.

해실해실 입을 열고 봄이어라. 첫마디가 귀엽다고 느낄 때 화들짝 웃는 소리는 이 봄을 농락하고도 뭇 사내를 유혹한 천한 잡부로 명성을 얻었어라.

동네방네 소문만으로 꽃무덤이 되었을 그런 사랑은 가 버렸으나 정숙한 사랑을 질투한 그대, 자지러지면서 얻은 이름 산홍 아가씨여라.

하늘의 정원

— 천리포 수목원에서

푸르른 커튼에 가린 수줍음,
색색 고운 빛깔이
감미로운 음악으로 다가와
내 마음 안에서 꽃으로 피어나는데

자유의 바람마저 조심스러워 하며
내 검은 발소리가 너무도 크게 들리고
크고 작은 가슴을 연 연못엔
하얗게 웃는 수련꽃 서너 송이와
배 위로 구슬을 올려놓고
제 몸에 침을 꽂는
가시연에게 무슨 말을 건네랴.

모두 젖고 젖으면서 보송보송하니
있는 듯 없는 듯 세월을 사는 삶이
먼 인연에 닿는 이곳은
아무렴, 하늘의 정원일레라.

칸나

칸나여, 그대는 푸른 바다를 가졌네.
그 바다는 영원하길 바랐고
젊음이 파도로 부서짐을 안타까워했네.
길에서 만난 비바람
우레를 데려와 소낙비로 내렸으나,
시퍼런 칼이 하늘을 베고도
한여름 소나기 사랑을 그리워했네.
햇살로 얻은 영광됨이
솟대로 앉아 불꽃이 되던 날,
백날을 사르고 사라짐이 아쉬워
미친 듯이 탱고 춤을 추면서
까르르 웃는 입이 울컥울컥 쏟은
각혈로 끝낸 로맨스 주인공.
그대 이름은 칸나!

수련꽃

세상 속에 흐르는 물이
맑기만 하랴만
산처럼 고요함에
숨을 죽이는 새
노래인들
어찌 부를 수 있으랴

빛을 모은 불꽃이
등불로 환하다.

마음 닿는 꼭짓점에
둥지를 틀고
하늘가 연못에서
몸을 씻는 꽃
보슬보슬 비에 젖고
어찌 햇살만 담으랴.

장미의 사랑

오월이 오면
나 먼저 웃으리이다.

하늘을 질투해도
용서받는 꽃,
내 이름은 장미랍니다.

여왕의 꽃이어서
가슴속에
가시를 품었던들
허물이 되오리까.

난 사랑만 받고 싶어
태양의 사랑도 훔친
행복한 꽃 장미랍니다.

석류 · 1

핏자국을 밟는 신의 부름에
사랑은 사랑만을 위해
터질 듯싶은 심장에서 꺼낸
뜨거운 핏덩이 감싸 안고
눈물도 흘렸을 세월 속엔
맹세 같은 약속도 있었을 터.

백번의 언약보다 달디단
피의 맛을
즐기게 한 이브의 열매.

꽃으로만 알고 있는 꿀벌이
다시 찾아왔을 때
백날을 더듬고서야 알게 된 사랑
가슴을 열었을 때 들리는 소리.
톡톡 깨물고서야 맛보는 행복.
빛은 부서져야 보석이 되는.

석류 · 2

꽃을 기억하는 열매
은혜로운 어머니를 생각한다.
세상의 눈들이 떠지는 날 아침
사랑의 끝을 잡는 어여쁜 꽃.

달콤함을 탐하는 입,
침을 삼키면
석류꽃은 웃으면서 울었다.
핏빛보다 달큰한 입술
앵무새 주둥이로 열어
가는 봄 씹으면서 울었다.

철없는 나이로도 늙는다는 걸
제 살 같은 잎을 보아 알고
배꼽을 불어서 쏘아올린
새빨간 애드벌룬.

창포

수련 잎으로 출렁다리를 만든 연못에서 깨달음 챙긴 푸른 창포, 빙빙 연못을 돌다가 제자리로 돌아오는 초여름 한낮, 낮은 음계를 듣는다.

허연 종아리 내놓고 씻기 위해 발을 담구는 종종머리 아가씨, 얼굴마저 씻고서 싱긋이 눈을 떠 물방울을 튕겨도 구슬이 된 물가가 좋다. 물기둥 세운 무지개는 소나기 속에서 바라던 비를 흠씬 맞으며 바다를 꿈꾸어도 여기 작은 연못이 좋다.

종종 딴 갈래머리에 샛노란 리본을 매고 흑장미 꽃잎, 입술에 붙이고 웃어도 좋다. 오래 전 추억 같은 사랑 기억할 수 있어 물가가 좋다.

찔레꽃

전설이 된 사랑, 세상의 입들로 전해짐이 부끄러워 인정어린 꽃이 고향의 꽃으로 피어 외로운 가슴을 설레게 합니다.

어느 산골 아가씨와 불쌍한 머슴이 바보 같은 사랑에 빠져 무덤이 되었을 때, 땀 냄새 감싸 안은 분 냄새도 시기한 가여운 사랑도 있었습니다.

웃는 꽃이 오래 전 사랑을 기억하게 하고, 수줍은 듯 돌아앉아 울고 있는 모습이 고와, 바라보는 눈을 시리게 합니다.

연꽃 · 1

옷을 걸치지 않아도
부끄러움 모르고

호수 닮은 푸른 잎으로
얼룩진 세상
푸른 하늘이 되어서 가리고

가벼운 몸
날지 않는 학으로 살며
한발로 걸어서
세상길을 여는 마음

깨우치지 못한
철학을 펴 보이며
한마디
말도 없는 무심無心의 꽃.

연꽃 · 2

알몸이어서
근심 걱정 없이
있는 듯 없는 듯
하늘만 보면서 살려는데

두 손 모아
마음 모아 빌었건만
하늘을 베어
고깔을 만들어 쓰고
실루엣이 되려 하네.

감추어도
드러나는 보름달
그림자에 가려지는가.

연꽃차를 마시며

하얀 나비 날개 접고 앉은 꽃
이슬로 맺힌 달빛인데,
꽃나비 옥쟁반에 뉘었더니
천불 미소로 바라보는데,
어찌 꽃이기만 하랴.

마음 모아서 펴보인 날개 위로
물 향기로 스치는데
잔물결에 눈을 감는 고요로움
무심을 담고 앉은 호수가
어찌 꽃차이기만 하랴.

태안 허브농원

눈망울이 모여 재잘거린다.
강을 만들었으니 흐를 것이고
흙내음 기억하고 있으니
흠뻑 젖으면서 향기를 만나네.

세월이 산이 되었다 하면
나붓이 앉아서도 천리길에 닿는
향기 품은 생명들이 모여
두 손 모아 축원하는 작은 생명들.

천사의 나라임을 알아야 하네.

등꽃이 필 때

앞서거니 뒤서거니
한밤 별빛처럼 졸린 눈이 실눈을 떠
바라본 하늘빛은
물빛 어린 사파이어로
아슴하니 눈을 가리며
어느 나라 왕비 귀걸이가 되었어라.

꽃이라기엔 향기에 먼저 취하여라.

왕의 푸른 눈을 멀게 할
꽃가루가 두려워
아낀 듯이 안고서 꽃이라 불렀더니
동네방네 뜬소문은 제 하늘 가린
꽃이 푸르게 젖는 날
댕댕댕 종을 치고 떠났어라.

코스모스

잊은 듯이 잊은 듯이
이름마저 잊은 듯이
버렸던 시간을 찾은 듯이
어느 날 강가에서 만난
그대는 바람이 되어
내 앞에서 가을 연인으로
나비떼 몰고 떠나려는
바람이 되어, 바람이 되어
흔들리고 있었네.

동백꽃 · 1

보름달 수줍음이
달무리로 앉아
남모르게 사모한 해
바라보는 눈높이로
세상을 잊으려는데
그리워하지 않아도
사랑으로 맺은
바다로 하여
바다꽃으로 살면서
연못을 만들어
달을 씻는 마음이면
하관을 기다리는 왕비가
죽어서 찾은 이름.

동백꽃 · 2

산 능선에 걸어놓은 뜻 모를 사랑, 발갛게 익었어라. 소금 바람을 마시고 쏟은 피울음 소리에 동박새 찾아와 서럽게 울던 날, 그리움으로 잉태한 샛별 같은 씨알 하나, 동박새가 입에 물고 바다를 건너가는데 심연深淵 바다의 노여움이 산 같은 파도로 일었어라.

아 어쩌랴! 푸르른 잎 속에 품었을 바다를 어쩌랴! 꽃보다 아픈 잎인 걸. 갯바람을 먹은 바다의 사랑인데, 워이 부르면서 보내버린 사랑이었어라. 다 타도 남는 불꽃, 뱃길 만리 노을로 풀어놓고 동박새 따라 가려하니 못 잊을 사랑에 목을 매고 눈을 감는 꽃.

풀

화분에 돋은 풀이 겹살이를 하면서
예쁜 꽃이 질 때쯤
제 꽃을 달고 웃었다.
어때요? 저도 좀 보아줘요.
데이지꽃,
앙증맞은 귀여운 꽃 겹살이었어.
넌 강아지풀 꽃보다 자유로운 몸.
그러나 난 널 뽑아야 해.
네게 눈 맞출 시간도 없다.
너에게 용서해 달라고도 않겠지만
널 뽑은 걸 후회도 않는다.
난 화분을 가꾸는 정원사일 뿐.

장다리 꿈

발돋움으로 키를 세워놓고
긴 목에 햇살을 감으면서
짤랑짤랑 금방울 흔들며
신명을 올리며 춤을 추네.

어느 무녀舞女 혼백이 들어
짤랑짤랑 금방울 소리가
봄 길로 나서며 숨 가쁘게 들려오고
푸른 들에서 잠시 멈추고 선 발걸음
느림의 시간을 맞추는 잎새를 위한
꽃들의 이별이 있네.

이별 같은 이별 속에
꿀물 같은 세월도 흐르는데
벌 나비로 하여 춤추게 하고
온힘으로 쏘아올린 애드벌룬.
하늘로 오르면서 호수가 되었던들
거짓 없는 봄의 사랑이네.

■ 후문(後文)

시집을 내고나서 기쁨도 잠시고
후회할 것을 알고 있다.
좋아서 하는 일이니 그것으로 만족하면 되는데 후회할 일을 왜 하는지….

나의 시(詩)가 날 원망할 것인가.
독자들의 반응도 두렵다.
인생은 희노애락 속에서 살다 가는 것이다.
모든 걸 놓아버리기까지 많은 시간이 필요했다.
삶을 진정 사랑하면서
이제 남은 시간 아끼듯 소중히 여기며 남겨진 공간을
글쓰기로 메꾸며 살고자 노력할 것이다
그동안 묵묵히 보아준 가족과
알게 모르게 격려해준 분께 감사한다.

2014年 푸르른 6月 에
著者 오소림

나무 앞에서 옷을 벗는다

오소림 시집

발 행 일 | 2014년 6월 30일
지 은 이 | 오소림
발 행 인 | 李憲錫
발 행 처 | 오늘의문학사
출판등록 | 제55호(1993년 6월 23일)
주 소 | 대전광역시 동구 대전로 867번길52(한밭오피스텔 401호)
전화번호 | (042)624-2980
팩시밀리 | (042)628-2983
홈페이지 | http://www.lito77.co.kr(홈페이지)
전자우편 | hs2980@hanmail.net

공 급 처 | 한국출판협동조합
주문전화 | (070)7119-1752
팩시밀리 | (031)944-8234~6

ISBN 978-89-5669-626-3
값 8,000원

ⓒ오소림.2014

* 지은이와 협의하여 인지는 생략합니다.
* 이 책은 전자책(교보문고)으로도 제작되었습니다.
* 잘못된 책은 바꾸어 드립니다.